UN SEDAN JURIDIQUE

ÉTUDE SUR LE CONFLIT DES LOIS SUCCESSORALES

PAR

LE Mis DE VAREILLES-SOMMIÈRES

Doyen de la Faculté de droit à l'Université Catholique de Lille.

(Extrait de la *Revue de Lille*, Juillet 1902).

PARIS
LIBRAIRIE COTILLON, E. PICHON, SUCCESSEUR
Libraire du Conseil d'État
24, rue Soufflot, 24.

1902

UN

SEDAN JURIDIQUE

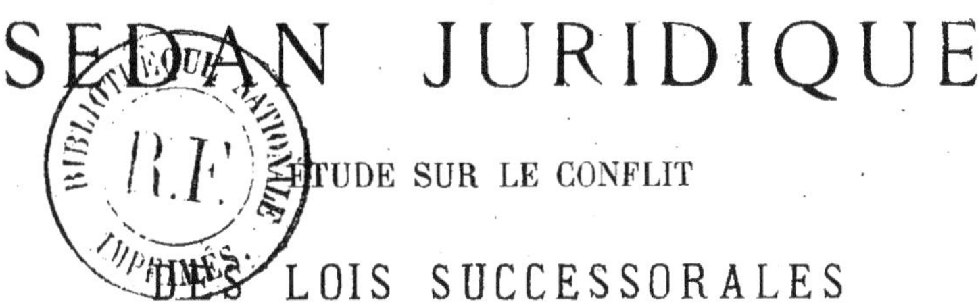

ÉTUDE SUR LE CONFLIT

DES LOIS SUCCESSORALES

PAR

LE Mis DE VAREILLES-SOMMIÈRES

Doyen de la Faculté de droit à l'Université Catholique de Lille.

Extrait de la Revue de Lille, *Juillet 1902*).

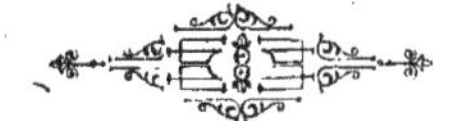

PARIS

LIBRAIRIE COTILLON, E. PICHON, SUCCESSEUR

Libraire du Conseil d'État

24, rue Soufflot, 24.

1902

« *Les opinions émises dans une publication quelconque, livre, mémoire,*
« *discours, etc., par un membre de la Faculté, engagent seulement la*
« *responsabilité de l'auteur. Elles ne peuvent être considérées comme*
« *l'expression d'un programme, d'une méthode ou de principes approuvés*
« *par la Faculté.* »

(Extrait du Registre des délibérations de la Faculté libre de Droit de Lille).

UN SEDAN JURIDIQUE

ÉTUDE SUR LE CONFLIT DES LOIS SUCCESSORALES

1. — Dans mon traité de Droit international privé (1), j'ai soutenu avec une profonde conviction que c'est à juste titre que les anciens et, à leur suite, le Code civil soumettent la succession aux lois de l'État où sont situés les biens du *de cujus*. J'ai combattu énergiquement la thèse qui est en vogue dans les nouvelles Écoles de droit international privé et qui veut soumettre la succession à la loi nationale du *de cujus*.

M. Lainé, professeur de droit international privé à la Faculté de l'État de Paris, a essayé de réfuter les arguments par lesquels j'avais attaqué une idée qui lui est chère et dont il a été peut-être le principal apôtre. Il a consacré à ce débat particulier le huitième chapitre des *Observations* qu'il m'a fait le très grand honneur de publier sur mon livre (2).

Il est revenu encore tout récemment sur la question dans son *Étude sur le projet de convention concernant la solution des conflits de lois en matière de successions* (3).

2. — Ce projet de convention internationale a été élaboré par la Conférence diplomatique de La Haye, où M. Lainé avait, en 1900, l'honneur de représenter la France.

La Conférence s'est décidée à proposer aux Gouvernements d'adopter d'un commun accord le prétendu principe contre lequel je me suis insurgé et que les soi-disant rénovateurs du droit international privé ont réussi à faire passer presque partout pour le dernier mot de la science et de la justice.

(1) *La Synthèse du droit international privé*, 2 vol. in-8°, Pichon, Paris 1897 ; ouvrage couronné par l'Académie des Sciences sociales et politiques.
(2) *Revue critique de législation et de jurisprudence*, années 1899 et 1900.
(3) Même Revue, mars 1902.

3. — D'un moment à l'autre nous pouvons donc nous trouver placés sous le régime de la personnalité des lois successorales.

Que nos hommes d'État se laissent persuader par nos jurisconsultes, et le territoire français, où douze cent mille étrangers et plus résident et possèdent, sera livré aux lois successorales du monde entier.

Cette invasion sera, à mon sens, pleine de périls, d'embarras, d'inconvénients de toutes sortes pour la France, une nouvelle cause de désarroi et d'affaiblissement pour notre malheureux pays.

4. — La France seule souffrira du traité, car elle est, de tous les États représentés à la Conférence (1), le seul où les étrangers s'établissent en foule.

L'Allemagne, l'Italie, qui n'ont chez elles que de rares étrangers et qui répandent au dehors le trop plein de leur population, ne risquent rien dans cette aventure.

Mais la France, d'où n'émigre presque aucun Français, donnera tout, dans ce marché, et ne recevra rien.

5. — Il est encore permis d'espérer que cette humiliation et ce désastre nous seront épargnés.

La Conférence de La Haye n'a voté le projet qu'après beaucoup d'hésitations.

Elle l'a tempéré par d'innombrables restrictions.

Les représentants de la Russie ont refusé de s'associer à la proposition.

Notre gouvernement demandera sans doute à réfléchir sur la valeur d'un principe qui a eu tant de peine à se faire accepter et qui demande tant de correctifs. Et l'exemple de notre « amie et alliée » empêchera peut-être nos éphémères ministres de faire signer à la France une aussi grave abdication de souveraineté sur son propre territoire.

6. — En tout cas, je tiens à ne pas laisser à M. Lainé le dernier mot dans la discussion scientifique et théorique qui s'est élevée entre nous sur cette grave question, et je viens montrer ici que les arguments de mon livre n'ont point été réfutés, mais tout au contraire ont été fortifiés par les réponses de mon éminent contradicteur.

(1) L'Angleterre et les Etats-Unis ont eu la sagesse de refuser de prendre part à la Conférence.

***

7. — La *Synthèse* démontre par trois arguments que les lois successorales proprement dites sont rationnellement des lois territoriales ou, comme on dit dans le jargon juridique, des lois réelles *quoad effectum*.

Le premier argument, c'est qu'elles sont des lois réelles *quoad objectum*, c'est-à-dire des lois qui ont des choses pour objet, des lois qui s'occupent principalement et directement des choses. Or, tout le monde reconnaît que les choses doivent être régies par les lois du lieu où elles se trouvent, et que, par des harmonies dont les profanes aussi bien que les jurisconsultes ont le sentiment, les lois réelles quant à l'objet sont nécessairement des lois réelles quant à l'effet, des lois territoriales.

8. — Les lois successorales sont des lois réelles quant à l'objet, car leur but, leur raison d'être, leur nécessité, c'est de décider du sort des biens dont le propriétaire est mort sans en disposer.

Ces biens sont à l'abandon et en souffrance. Que faut-il en faire ? Faut-il les attribuer au fisc, à la communauté ? Faut-il les offrir au premier occupant ? Faut-il les distribuer entre certaines personnes ? Voilà le problème que tranchent les lois successorales ; or, c'est évidemment un problème réel.

9. — Le législateur, jusqu'à présent, dans tous les pays, le résout tout d'abord en attribuant les biens, suivant un certain ordre, aux parents du défunt. Mais l'objet principal, essentiel, de la loi, quand elle fait cette distribution, c'est de donner aux biens une destinée, c'est de les utiliser le mieux possible. Elle ne pense aux parents qu'à cause des choses, et non pas aux choses à cause des parents. La preuve, c'est que, s'il n'y a pas de parents, le problème subsiste tout entier : que faire des biens ? Et la loi cherche et donne une autre solution.

On ne peut donc pas dire que les lois successorales soient des lois sur l'état des personnes, bien qu'elles attachent un droit à la parenté. Elles n'ont pas pour but immédiat et direct de régler l'état de parent ; elles ne le font qu'occasionnellement. Elles ne sont pas des lois sur l'état de frère, de cousin, de neveu... ; elles sont des lois sur les masses de biens laissés par les morts.

C'est ainsi qu'en sens inverse, la loi, par exemple, qui donne au père un droit d'usufruit sur les biens de ses enfants mineurs de dix-huit ans est un statut personnel, quoiqu'elle grève d'une charge certains biens : c'est que son but direct et immédiat n'est pas de modifier la condition juridique de ces biens, mais de rehausser et fortifier l'état de père ; c'est une loi sur la puissance paternelle et non une loi sur les biens de l'enfant.

10. — M. Lainé convient que le problème du sort des biens du *de cujus* est un problème réel.

« Oui, dit-il, la question initiale de savoir ce que l'on fera des « biens des mourants ressortit au statut réel ou, du moins, est « soumise à la loi du pays où les biens sont situés. »

Mais, si le problème est réel, comment la solution pourrait-elle être personnelle ?

M. Lainé essaye d'esquiver l'objection en coupant arbitrairement en deux la solution donnée au problème par la loi, et en accordant que le premier tronçon est réel, mais non le second.

La loi, selon lui, résout réellement le problème réel en décidant que les biens du mort seront attribués à certaines personnes ou même seront attribués à la famille. Mais, à partir de là, tout ce qu'ajoute la loi est personnel.

« Les biens demeureront dans la famille, le problème réel est « résolu ; c'est d'autre chose que maintenant il s'agit ; il faut distin- « guer parmi les parents ceux qui sont héritiers, dire pour quelles « parts et s'ils sont ou non dispensés du rapport. Or, prétendre « que régler cela, c'est régler la condition juridique des choses, me « semble on ne peut plus étrange. »

11. — Non, ce n'est pas d'autre chose qu'il s'agit. C'est la réponse qui continue, qui reçoit son complément nécessaire, la réponse à la question posée par les biens : que deviendrons-nous ? Dire vaguement que les biens appartiendront à certains particuliers, dire qu'ils resteront dans la famille, ce n'est qu'un commencement de réponse qui ne résout pas le problème et le laisse en plan. Le problème n'est résolu, la difficulté et l'incertitude ne cessent que lorsque, avec clarté et précision, la loi dit à quelles personnes, à quels parents ces biens seront remis. M. Lainé scinde artificiellement une indivisible réponse, et puisque, de l'aveu de mon éminent contra-

dicteur, le problème est réel, la solution l'est aussi tout entière.

12. — « Est-ce que, demande M. Lainé, les choses de la succes- « sion profiteront ou souffriront d'appartenir aux neveux du défunt « plutôt qu'à ses cousins, à ses frères plutôt qu'à ses ascendants ? »

La négative n'est pas aussi sûre, aussi absolue, que M. Lainé le croit, car les biens peuvent profiter d'être mis plutôt en des mains jeunes qu'en des mains vieilles, souffrir d'être trop divisés...

Mais ce qui est indéniable, c'est que ces choses souffriront ou profiteront, et avec elles beaucoup d'autres intérêts tout à fait étrangers à l'état des personnes, suivant qu'elles resteront vacantes ou non, qu'elles seront attribuées au fisc ou non, livrées au premier occupant ou non ; et si l'on ne veut ni qu'elles restent vacantes, ni qu'elles soient socialisées, ni qu'elles soient au pillage, il faut absolument dire avec précision à qui elles appartiendront.

13. — Je réédite un argument d'analogie qu'invoque la *Synthèse* et duquel M. Lainé semble détourner les yeux.

La loi sur l'attribution du trésor est incontestablement une loi réelle. Cesserait-elle de l'être si elle partageait le trésor entre les filles de l'inventeur et les femmes veuves de la commune? Assurément non, et pourtant elle attacherait à l'état de certaines personnes le droit au trésor, et M. Lainé pourrait redire là, avec autant d'exactitude au moins que tout à l'heure, que la chose ne profitera ni ne souffrira d'appartenir à telles personnes plutôt qu'à telles autres. Mais l'objet véritable et principal de la loi ne serait pas de régler l'état des personnes. Son but essentiel serait toujours de faire un sort au trésor. Rendre meilleur l'état de certaines personnes ne serait que son but occasionnel et secondaire.

Une succession est un trésor *sui generis*. Il faut l'attribuer à quelqu'un. La loi l'attribue aux parents, bien moins du reste à raison de leur parenté qu'à raison de l'affection que cette parenté fait présumer chez le défunt et de certaines autres considérations ; mais c'est pour utiliser ce trésor d'une façon intelligente et non pour régler l'état des personnes que la loi est portée.

14. — Si la loi disait que, dans tel ou tel cas, la succession sera partagée entre les fils des meilleurs amis du défunt, ou entre les personnes dont les ascendants l'ont aidé à faire fortune, ou entre les enfants des femmes veuves de la commune, cette disposition

serait-elle un statut personnel ? Nul ne le soutiendrait. Comme les lois successorales actuelles, elle ferait pourtant de l'état la pierre de touche des successeurs.

15. — La loi successorale, dit et redit M. Lainé, n'est qu'un règlement de famille.

L'expression me paraît peu heureuse ; un règlement suppose des droits préexistants, des comptes à débattre, dont on ne trouve trace ici qu'avec beaucoup de bonne volonté et dans certains cas seulement.

Bien plus exactement que la succession même, le partage peut être qualifié de règlement de famille. Or les lois sur le partage sont incontestablement des statuts réels, et quant à l'objet et quant à l'effet.

Il plaît à M. Lainé d'appeler ici règlement de famille une attribution prime-sautière de droits à certains membres de la famille à raison de cette qualité.

Soit.

Mais il n'est pas exact de dire que la loi successorale n'a pas d'autre objet que de faire un règlement de famille ; il n'est pas exact non plus de dire que ce soit là son objet principal et sa raison d'être. Le règlement de famille n'est pour elle qu'un moyen, le plus sage du reste et le plus équitable, de soustraire les biens à l'état malheureux où les a réduits la mort de leur propriétaire. Dans son fond, par son but nécessaire, cette loi est une loi de sauvetage des biens : elle leur vient donner cette sauvegarde, cette protection indispensable aux biens : un ou des propriétaires.

En attribuant les biens à la famille elle a dessein de « conserver la famille », je ne dis pas non, mais elle a avant tout l'intention et l'obligation de conserver les biens eux-mêmes en les pourvoyant d'un ou plusieurs nouveaux propriétaires.

***

16. — La seconde raison pour laquelle le *Synthèse* professe la réalité *quoad effectum* des lois successorales, c'est que la personnalité de ces lois aboutit ou bien à une inexplicable anomalie ou bien à un étrange imbroglio.

Elle aboutit à la plus choquante anomalie si c'est la loi nationale du *de cujus* qui, comme le veulent les jeunes théories, gouverne la succession.

En effet, dans ce système, la loi nationale d'un mort, d'une personne qui n'est plus son sujet, vient parler en maîtresse sur un territoire qui n'est pas le sien à des personnes qui ne sont pas ses nationaux, à propos de choses qui ne relèvent pas d'elle.

Supposons que le *de cujus* était allemand et domicilié en France, où sa fortune était assise ; supposons que tous ses parents soient Français : la loi successorale allemande viendrait en France régenter des choses françaises et des personnes françaises.

Et pourquoi cela ? Parce qu'elle était la compatriote du défunt quand il était vivant, dans un temps où il n'était pas question de sa succession et où par conséquent aucune loi, nationale ou autre, ne pouvait songer à distribuer ses biens.

17. — Qu'un statut personnel suive son national, non pas à l'étranger et pour continuer à le régir, mais dans la tombe et pour commencer à le régir, pour lui intimer je ne sais quels commandements sur une opération où, pour cause, il n'a rien à faire et qui, par définition, est purement légale : voilà qui est déjà fort extraordinaire.

Mais ce qui l'est bien plus encore, c'est que le statut personnel allemand, ne se contentant pas de régner sur un cadavre allemand, sorte de cette tombe pour s'assujettir des Français vivants, régente leur état, délimite leurs droits, leur distribue des biens français, et même, d'après M. Weiss et peut-être bien d'après M. Lainé lui-même, décide comment ils acquièrent la succession, s'ils peuvent l'accepter sous bénéfice d'inventaire, s'ils peuvent y renoncer, s'ils sont tenus des dettes *ultra vires*.

18. — Où le souverain allemand puise-t-il le droit de fixer les droits et de régler la conduite de ces Français?

Ce n'est pas dans sa souveraineté territoriale, puisque l'opération s'accomplit hors de son territoire.

Ce n'est pas dans sa souveraineté personnelle, puisque les personnes dont il règle l'état ne sont pas allemandes.

Ce pouvoir lui tombe donc des nues, c'est-à-dire du caprice des jeunes théories.

19. — La raison pour laquelle les statuts personnels d'un Etat doivent être appliqués à ses sujets par les autres Etats, c'est que ces statuts sont pour ainsi dire réclamés par la nature particulière de ces sujets.

Or ici la loi allemande, que veut appliquer M. Lainé, n'est certes réclamée ni par la nature du *de cujus*, qui n'a plus aucune nature quand il est question de sa succession *ab intestat*, ni par la nature allemande de ses parents, puisqu'ils ne sont pas nécessairement Allemands et que même, dans l'espèce choisie, ils sont tous Français.

Ce sont des Français, des familles françaises, que la loi allemande se mêle d'allotir à son gré, de conserver à sa mode, en France, avec des biens français.

20. — Les intérêts allemands sont-ils donc dans l'affaire tellement graves et réclament-ils l'application de la loi allemande avec une telle insistance, que la loi française doive équitablement céder la place?

Il n'y a dans l'affaire aucun intérêt allemand. Le *de cujus* était allemand, mais il est certes désintéressé dans la répartition de sa succession. Les parents, par hypothèse, sont tous Français, et l'Allemagne ne peut tirer aucun profit de la manière dont la succession sera répartie entre des Français.

Que si les parents étaient pour partie Allemands, il est très possible que la loi française soit plus favorable que la loi allemande aux parents allemands, donc aux intérêts allemands.

Ainsi, sans aucun avantage pour l'Allemagne, mais avec gros détriment pour la France, où la variété des lois successorales jetterait un immense désordre, à des Français, sur des biens français, en France, on veut, de gaîté de cœur, appliquer des lois allemandes.

21.— Mis en demeure de justifier autrement que par l'obscure et vague allégation d'un règlement de famille, de démontrer par des raisons précises et scientifiques la prééminence qu'il donne à la loi d'un mort sur la loi des vivants, à la loi d'un État désintéressé sur la loi de l'État dont les intérêts économiques et politiques sont en jeu, à une souveraineté innomable sur la souveraineté à la fois territoriale et personnelle de l'État où les biens sont situés, M. Lainé est un peu déconcerté.

Lui qui repousse l'enseignement des d'Argentré, des Boullenois, des Pothier, toute la tradition, le Code civil, il ne dédaigne pas d'invoquer une sorte d'argument d'autorité. Parmi les auteurs, dit-il, qui ont regardé les lois successorales comme des statuts personnels — (ces auteurs sont une poignée et presque tous contemporains) — tous, excepté un seul, un vieux jurisconsulte italien, nommé Alexandre, « instinctivement en quelque sorte, ont fait abstraction des parents « appelés à la succession par les diverses lois en conflit et ont « désigné comme compétente la loi nationale du défunt ». C'est là, ajoute M. Lainé, « un fait significatif : les auteurs ont obéi, dans « leur choix, à des motifs latents, dont ils sentaient confusément la « puissance. »

Je prends acte de l'aveu échappé à M. Lainé dans cette dernière ligne. Ainsi une solution qui n'est pas née insensiblement de la pratique et de la coutume, qui est éclose dans les écoles, qui depuis trente ans est préconisée par les soi-disant rénovateurs du droit international privé, n'avait pas encore été, avant les critiques de la *Synthèse*, scientifiquement raisonnée. L'École se laissait conduire par l'instinct. Ses motifs étaient latents et confus, mais ils étaient puissants.

Ils ne sont plus latents et confus, puisque M. Lainé s'est appliqué à s'en rendre compte. Voyons s'ils sont puissants.

22. — « De quoi s'agit-il ? dit mon éminent contradicteur. De la « transmission légale du patrimoine du défunt selon ses affections « présumées à l'égard de tels ou tels parents, les devoirs qu'il a pu « remplir et les droits qu'il a pu exercer, de son vivant, envers sa « famille. Or que pourrait-on demander, à cet égard, à la loi des « parents bénéficiaires éventuels des biens du défunt, qui, dans cette « transmission du patrimoine, si elle s'effectue à leur profit, n'au- « ront qu'un rôle purement passif ? Absolument rien. Tout au con- « traire, c'est du défunt que proviennent les biens, c'est à ses senti- « ments qu'il faut donner satisfaction en ce qui concerne la « distribution qu'il convient d'en faire ; c'est l'exercice de ses droits « qu'il faut respecter, c'est la méconnaissance de ses devoirs qu'il « faut réprimer. C'est donc à sa loi, celle de son statut personnel, « source de sa parenté avec telles personnes et des règles de ses

« rapports avec elles, qu'il faut demander des directions pour « accomplir cette œuvre (1). »

Je ne m'arrêterai pas à demander à M. Lainé une explication sur cette singulière assertion, que la loi nationale est « la source de la parenté du *de cujus* avec telles personnes. » La parenté a pour source un fait, la génération, et non la loi. C'est un *lapsus* de mon éminent contradicteur. Passons.

23.— Sur un double point la pensée de M. Lainé, dans le passage que je viens de transcrire, est ondoyante et difficile à saisir.

A deux reprises, il nous dit que la loi successorale doit tenir compte des devoirs et des droits du *de cujus*.

La première fois, c'est des devoirs *remplis* et des droits *exercés* par le *de cujus* « de son vivant » qu'il est question. La seconde fois, c'est évidemment des devoirs et des droits que le *de cujus avait à remplir* ou *à exercer* en mourant.

A quelle formule, à quelle idée, faut-il s'attacher? La première est la plus vague et la plus ténébreuse. Quels sont ces devoirs et ces droits que le *de cujus* a remplis ou exercés de son vivant et « selon lesquels doit s'effectuer la transmission de son patrimoine »? S'ils ont été remplis et exercés, tout est réglé à leur égard et il n'y a plus rien à faire pour leur donner satisfaction.

La seconde formule, la seconde idée, est probablement la bonne, je veux dire l'expression de la vraie pensée de M. Lainé. On doit croire que, s'étant repris à deux fois pour mettre au jour un motif « latent et confus », c'est par le second effort qu'il a réussi à lui donner le degré de lumière et de précision dont il est susceptible. C'est dans cette hypothèse que nous raisonnerons.

24.— Ainsi la loi nationale du *de cujus* doit être appliquée parce que seule elle peut : 1° « donner satisfaction aux sentiments » du défunt; 2° « réprimer la méconnaissance de ses devoirs »; 3° « faire respecter l'exercice de ses droits ».

25.— D'abord elle peut seule donner satisfaction aux sentiments du défunt.

(1) Ce passage n'est pas extrait des *Observations* de M. Lainé, mais de son étude sur le projet de convention diplomatique élaboré, touchant les successions, par la Conférence de La Haye. Dans cette étude, M. Lainé éprouve le besoin de répondre à nouveau, sans me nommer, à mes importunes objections. *Revue critique*, 1902, p. 162 et 163.

Faut-il prendre ici le mot sentiments dans le sens de mouvements du cœur ou dans le sens de *volontés ?*

M Lainé semble avoir eu peur d'employer le mot de volontés.

Je le comprends, car, si la loi successorale est présentée comme la simple expression des volontés du *de cujus*, il n'est plus possible, ainsi que l'a fait remarquer la *Synthèse,* d'essayer d'attribuer à cette loi le caractère d'un statut personnel quant à l'objet : elle manifeste les volontés d'un propriétaire, elle ne règle pas son état ni celui de sa famille.

Et si elle n'est plus un statut personnel, mais une simple loi interprétative, à quel titre pénétrerait-elle dans les autres États et y imposerait-elle sa traduction ?

L'État où le défunt avait son domicile, ceux où il a des biens, peuvent se flatter d'être d'aussi bons interprètes des volontés tacites du défunt que l'Etat d'origine. On peut dire qu'en établissant chez eux son domicile ou une partie de sa fortune, il a très délibérément accepté, pour le cas où il ne testerait pas, leurs projets de traduction de ses pensées. Qu'importe que les combinaisons qui lui seront attribuées pour ses différents groupes de biens ne soient pas uniformes? Rien ne s'oppose à ce qu'il ait eu des volontés diverses pour les diverses parties de son patrimoine. S'il avait testé, la multiplicité de ses volontés eût été sans doute encore beaucoup plus grande.

26. — Il est faux, du reste, que la succession *ab intestat* ne soit que la volonté du défunt interprétée ou présumée. La loi successorale n'écrit pas sous la dictée d'un mort ou d'un mourant, par cette bonne raison que ce mort ou mourant ne dicte rien. Elle fait œuvre propre, le sait et le veut.

Sans doute, elle a pour premier devoir de tenir compte des intentions *probables* qu'avaient vraisemblablement les propriétaires de leur vivant ou qu'ils *auraient eues* s'ils avaient été en possession de la raison.

Mais d'abord elle sait bien qu'ils ont pu ne pas les avoir et que même, au cas d'*infantia*, par exemple, ils n'ont pas pu les avoir.

Elle sait de plus que, s'ils ont eu ces intentions, ils ne les ont pas transformées en actes, en volontés efficaces, et que par conséquent c'est elle seule qui fait ce qu'ils désiraient peut-être faire mais n'ont pas fait.

Et surtout elle sait bien que les intentions qu'on peut presqu'à coup sûr leur prêter sont peu nombreuses et assez vagues, et qu'elle doit non pas chercher à connaître l'inconnaissable et l'inexistant, mais, dans une très large mesure, agir sous de tout autres inspirations. Et elle profite de l'occasion pour faire une répartition conforme à son idéal social et politique.

27. — M. Lainé peut se récrier ici qu'il a dit *sentiments* et non pas *volontés*, et que je combats une idée qui n'est pas la sienne ; que la loi successorale, pour lui non plus, n'est pas un testament présumé ; mais qu'elle doit assurément s'inspirer des sentiments, des affections probables du *de cujus*, pour deviner ses intentions probables, et que c'est la loi nationale qui est le mieux à même de connaître le cœur du défunt.

M. Lainé croit-il vraiment que l'amour paternel, l'amour maternel, l'amour filial, l'amour fraternel, l'affection de l'oncle pour ses neveux, varient sensiblement d'un pays à l'autre ? S'il le croit, tous les psychologues et tous les moralistes lui donneront tort. Les affections et les penchants naturels de l'homme sont partout les mêmes. La nationalité n'y change rien. Sous toutes les latitudes et dans tous les temps, le cœur humain est un livre où les mêmes choses sont écrites en une langue universelle et en gros caractères, et où n'importe quel législateur peut lire couramment.

28. — Des sentiments du défunt, M. Lainé passe à ses devoirs, que la loi nationale seule serait à même de bien définir.

Mais d'abord la plupart des dispositions de la loi successorale ne consacrent point des devoirs du *de cujus*. Il n'est pas besoin d'en donner d'autre preuve que la liberté qu'avait en principe le *de cujus* de tester à sa fantaisie.

De plus, les devoirs véritables, les devoirs naturels, en cette matière, comme en toute autre, ne changent pas avec la nationalité ; ils n'offrent aucun mystère ; la loi du domicile, celle de la situation des biens, celle des successibles, se chargent de les encadrer dans leurs dispositions aussi bien que la loi du pays d'origine.

Si l'on affirme que la loi nationale est seule à même de bien déterminer ici les devoirs de l'individu, il n'y a pas de raison pour ne pas affirmer qu'elle est aussi seule capable de les déterminer en toute matière ; et toute la théorie de la personnalité des lois, contre laquelle M. Lainé « fait front » avec moi, passerait par cette porte imprudemment ouverte.

Et, par surcroît, remarquons que le devoir du *de cujus*, lorsqu'il y a devoir, n'est que la conséquence d'un droit chez un de ses parents. Ce n'est pas parce que le *de cujus* avait un devoir envers ses fils ou ses ascendants que ceux-ci ont un droit : c'est parce qu'ils ont un droit que lui avait un devoir. C'est le droit qui là engendre le devoir et non le devoir le droit. Puisque le devoir n'est que la conséquence du droit, si la nationalité avait quelque influence sur ces questions de justice, c'est la nationalité des titulaires du droit, des héritiers, qui serait prépondérante ; c'est leur loi nationale qui, légitimement, en délimitant le droit, délimiterait le devoir correspondant.

29. — Enfin la loi nationale serait seule en mesure, d'après M. Lainé, « de faire respecter l'exercice des droits du *de cujus* ».

Si ce motif là n'est plus latent et confus, en revanche, pour moi du moins, il est énigmatique.

Le *de cujus* avait le droit de tester ; il ne l'a pas fait : quels autres droits peut-il maintenant exercer du fond de son tombeau ? Il m'est impossible de comprendre et de discuter ce que veut dire M. Lainé.

Il y a là sans doute chez mon éminent contradicteur une velléité de revenir à l'idée que la loi successorale se borne à interpréter les volontés des mourants.

En tout cas, il ressort de là que décidément, aux yeux de M. Lainé, le mort joue un rôle très actif dans la succession *ab intestat*. C'est ce qui apparaissait déjà, *a contrario*, dans la manière dédaigneuse dont l'éminent professeur nous a présenté le rôle des héritiers comme « purement passif ».

30. — Or l'évidente vérité est que, dans la succession *ab intestat*, le rôle du mort n'est ni actif ni passif : il est, comme l'acteur lui-même, inexistant.

Les héritiers jouent un rôle actif, puisqu'ils acquièrent et acceptent ou répudient.

Mais le principal, le grand rôle actif, c'est la loi qui le joue : elle offre, elle distribue les biens.

La loi sur le territoire de laquelle les biens sont situés à un titre capital à jouer ce rôle : ils sont sous sa puissance ; elle est la loi des biens.

Elle n'a aucune raison d'abdiquer un rôle si important au profit de la loi nationale du *de cujus*, car celle-ci, dans l'affaire, n'est et même n'a été la loi de rien et de personne : elle n'est pas actuellement la loi du défunt, car les morts n'ont pas de lois ; elle n'a pas été sa loi de son vivant, car la succession des vivants n'est pas ouverte.

31. — Il est clair que si la loi de la situation des biens n'était pas la loi compétente, c'est, comme le voulait Alexandre, la loi nationale des successibles qui le serait, et non celle du *de cujus*, la loi des vivants et non la loi d'un mort, la loi de ceux qui ont un état et une capacité, et non la loi de celui qui n'a plus ni capacité ni état.

Si la loi successorale est un statut personnel, c'est la personne des héritiers qu'elle a en vue, c'est à leur état qu'elle attache des droits. Et la conclusion serait, encore une fois, que c'est la loi nationale des successibles qui, en principe, fixe leurs droits successoraux.

32. — Mais, dit M. Lainé tout triomphant, on ignore quels sont les successibles et par conséquent quelle est leur nationalité, avant que l'on sache quelle est la loi compétente pour les désigner.

Comment ? Ce n'est donc plus la nationalité qui détermine la loi compétente pour régler l'état et la capacité des personnes ? Il est besoin d'un autre criterium que la nationalité pour savoir si les statuts personnels suivent leurs nationaux à l'étranger ?

N'est-ce pas la nationalité du défunt qui détermine à elle seule pour M. Lainé la loi successorale compétente ? Comment peut-il trouver inconcevable que pour d'autres ce soit la nationalité des héritiers ?

Les parents du *de cujus* sont connus ; leur nationalité l'est aussi : il n'en faut pas plus pour que tous leurs statuts personnels leur soient applicables en France et que par conséquent, si la loi successorale est un statut personnel, ils fassent valoir les droits successoraux que leur donne cette loi.

33. — Sans doute, s'il y a des parents de nationalités diverses, et que leurs lois successorales présentent à la succession des candidats différents, il est impossible de donner satisfaction complète à toutes ces lois et à tous ces candidats. C'est l'imbroglio qui a été annoncé ; ce serait un conflit dans l'État entre lois qui seraient également

compétentes d'après un principe édicté par cet État lui-même, un vrai conflit cette fois.

Mais une difficulté de ce genre se produit en bien d'autres circonstances et ne devrait pas être pour déconcerter M. Lainé. Quand un père et un fils sont de nationalités différentes, les deux lois nationales se présentent pour régler la puissance paternelle et ne peuvent certes pas obtenir toutes deux satisfaction complète. M. Lainé n'en conclut pas qu'elles sont toutes deux inapplicables, mais qu'il faut choisir entre elles. Si j'ai bonne mémoire, il choisit la loi de l'enfant, sous le singulier prétexte que la puissance paternelle est organisée dans l'intérêt de l'enfant ; comme s'il était *a priori* certain que la loi de l'enfant lui est plus favorable que la loi du père.

En cherchant bien, dans la rivalité des lois successorales, au cas où les successibles n'ont pas la même nationalité, M. Lainé trouverait, pour donner le pas sur les autres à l'une d'elles, quelque raison qui vaudrait sans peine celle dont il se contente en matière de puissance paternelle.

34. — Il y aurait même un moyen assez simple et assez élégant de n'éconduire aucune de ces lois compétentes : ce serait de répartir la succession entre tous les candidats présentés par elles, proportionnellement à la part que chacun d'eux réclame au nom de son statut personnel.

Le père et la mère du *de cujus* mort en France sont Chinois et doivent, d'après la loi chinoise, prendre chacun la moitié de la succession, qui est de 100.000 francs. Les frères du *de cujus* sont Japonnais ; ils sont quatre ; nous supposons que d'après leur loi nationale ils excluent les père et mère et doivent prendre par conséquent chacun un quart de la succession.

On répartirait la valeur de la succession au marc le franc entre les deux parents chinois qui aspirent chacun à 50.000 francs et les quatre parents japonais qui aspirent chacun à 25.000 francs.

35. — Revenons à la raison.

Les singularités auxquelles on aboutit dès qu'on veut traiter les lois successorales comme des lois d'état et de capacité prouvent qu'on fait par là violence à la nature des choses.

***

36. — La troisième raison par laquelle les lois successorales doivent être territoriales, c'est que, dans chaque État, comme on l'a déjà vu incidemment, elles s'inspirent, dans une large mesure, des intérêts politiques, sociaux, économiques du pays. Ces intérêts disparaissent-ils ou changent-ils quand le *de cujus* était étranger ? Peut-on demander à notre législateur de voir avec indifférence s'appliquer sur notre sol des combinaisons successorales qu'il condamne ? Peut-on lui demander de laisser s'épanouir en France le droit d'aînesse et le droit de masculinité, quand il aime par-dessus tout l'égalité ? De prêter main forte tour à tour à l'exclusion absolue des enfants nés hors du mariage et à l'égalité des enfants naturels et des enfants légitimes, quand il ne trouve salutaire ni cette exclusion impitoyable ni cette égalité scandaleuse ? D'admettre la recherche minutieuse de l'origine des biens, quand il a voulu en finir avec les complications de la succession des propres ? De tolérer l'émiettement du patrimoine par suite de la représentation à l'infini dans l'ordre des collatéraux ordinaires ? De supporter que tantôt la parenté du quinzième ou du vingtième degré, péniblement prouvée, donne des droits de succession, et que tantôt la parenté éclatante du sixième degré n'en donne pas ? D'être tour à tour aristocrate et démocrate, conservateur et socialiste ? D'avoir des convictions politiques, économiques, juridiques, à l'égard des successions des Français, de n'en avoir aucune à l'égard des successions des étrangers, ouvertes sur le même sol, dans le même milieu ?

37. — Je sais bien que M. Lainé et les autres adeptes de la personnalité des lois successorales l'atténuent le plus qu'ils peuvent, au nom de « l'ordre public absolu », par une foule d'exceptions. Mais la multiplicité de ces tempéraments nécessaires ne démontre-t-elle pas à elle seule que le principe qu'il faut ainsi corriger et paralyser est factice et détestable ?

La Conférence diplomatique de La Haye, sur la foi des jeunes systèmes de droit international privé, a cru que ce malheureux principe est une vérité méconnue par les siècles passés, et, malgré l'hésitation et l'inquiétude de plusieurs membres de l'assemblée, l'a adopté.

Mais écoutez les restrictions qu'elle a dû apporter au principe « de justice absolue » proclamé « par la science » :

« Nonobstant l'article qui précède, les tribunaux d'un pays n'au-« ront pas égard aux lois étrangères, dans le cas où leur application « aurait pour résultat de porter atteinte soit au droit public de ce « pays, soit à des lois concernant les substitutions ou fidéicommis, « la capacité des établissements d'utilité publique, la liberté et « l'égalité des personnes, la liberté des héritages, l'indignité des « successibles ou légataires pour faits de droit commun, l'unité du « mariage, les droits des enfants illégitimes. »

Ne voit-on pas, comme le dit la *Synthèse*, que la vérité juridique, sacrifiée au faux dogme, suscite, pour se venger, cette légion d'exceptions ? »

38. – Ce qui a séduit et égaré la jeune Ecole, c'est la croyance illusoire que « l'unité de succession », quand les immeubles du *de cujus* sont situés dans différents pays, est très désirable et très utile.

La *Synthèse* a démontré que les avantages de l'unité de succession sont nuls ou minimes. Des partages particuliers pour les biens situés dans chaque Etat sont plus faciles, plus rapides et moins coûteux qu'un partage global, qui imposerait au liquidateur des démarches à longue distance, dans des pays dont il ne connaît ni la langue, ni les hommes, ni les choses.

C'est donc pour obtenir, dans une hypothèse qui est rare, exceptionnelle, un avantage problématique, qu'on veut jeter dans l'Etat un trouble certain, considérable et permanent.

39. — Ce qui est autrement précieux que l'unité de succession, c'est l'unité de législation dans le pays, c'est l'indépendance de l'Etat, c'est la dignité des sujets, trois choses dont font vraiment trop bon marché ceux qui veulent appliquer dans le pays toutes les lois successorales du monde, réduire l'Etat à tolérer chez lui une foule de combinaisons qu'il n'approuve pas, assujétir les citoyens à des lois etrangères.

***

40. — Tout ce qui précède n'a trait qu'aux lois successorales proprement dites.

Les lois sur la réserve ou la légitime ont un tout autre objet, une tout autre raison d'être et une tout autre nature.

La *Synthèse* concède qu'elles sont en soi des statuts personnels quant à leur objet.

Mais elle n'admet pas qu'elles puissent être des statuts personnels quant à l'effet. Je crois avoir prouvé dans cet ouvrage qu'on se trouve toujours ici dans l'un des cas exceptionnels où les lois d'état et de capacité ne peuvent pas rationnellement être appliquées à leurs nationaux hors de l'Etat qui les a portées, mais doivent l'être à tout le monde dans cet Etat.

M. Lainé soutient le contraire.

Ce serait abuser de l'hospitalité de la *Revue de Lille* que de discuter ici à fond cette question un peu abstruse.

Je me contenterai de montrer par une ou deux épreuves que l'argumentation de mon éminent contradicteur est tout entière ruineuse.

41. — La *Synthèse* fait remarquer que, lorsque la réserve fixée par une loi étrangère est plus forte que celle de la loi française, l'application de la loi étrangère en France aurait pour conséquence de frapper de non-commercialité partielle des biens français, de supprimer pour eux, dans certaines conditions, un et deux modes d'aliénation, de restreindre leur liberté de circulation. Or faire cela, ce serait porter atteinte au statut réel français. Les lois personnelles étrangères ne peuvent pas être admises chez nous au détriment de nos lois réelles.

« Très spécieux, dit mon contradicteur, ce raisonnement est-il « juste ? S'il l'était, il ne faudrait donner effet en France à aucun « statut personnel étranger pouvant faire annuler des aliénations « là où le statut personnel français correspondant permettrait de les « maintenir. Par exemple les lois étrangères plus sévères que les « nôtres quant à l'influence de la minorité, de l'interdiction, du « mariage, sur la capacité d'aliéner les immeubles seraient para- « lysées. . .

42. — Pas le moins du monde. Les lois etrangères qui établissent une *incapacité* d'aliéner qui n'existe pas chez nous, la loi étrangère, par exemple, qui prolonge la minorité jusqu'à 25 ans, n'ont nullement pour conséquence de mettre partiellement hors du commerce les biens français de l'incapable. Ces biens ne peuvent pas être aliénés

par l'incapable lui-même, mais ils peuvent être aliénés par ses représentants. Puisque l'aliénation peut toujours être valablement effectuée, la liberté de la propriété et de la circulation des biens ne sont point entravées et nos lois réelles ne sont pas mulctées. M. Lainé confond l'incapacité et l'indisponibilité.

43. — « Que l'on considère la loi française relative à la réserve, « ajoute M. Lainé. Peut-on prétendre qu'elle a pour effet de res- « treindre la liberté de la circulation des biens et que, par consé- « quent, elle est pour eux, au moins à ce point de vue, un statut « réel ? Certainement non, pas plus qu'on ne pourrait le dire de la « prohibition d'aliéner adressée aux incapables. Mais si tel est le « caractère de l'indisponibilité tenant à la réserve établie par la loi « française, tel doit être également et nécessairement celui de l'in- « disponibilité tenant à la réserve établie par la loi étrangère. »

Non seulement on peut prétendre que la loi française relative à la réserve a pour effet de restreindre la liberté de circulation des biens, mais on ne peut pas ne pas le prétendre, puisqu'elle supprime pour certains biens dans certains cas deux modes d'aliénation.

On ne doit pas dire pour cela que la loi sur la réserve est un statut réel, car elle a pour but de régler l'état de certaines personnes et non de régler la condition des biens. Elle ne s'occupe des biens qu'à cause des personnes.

Mais si elle n'est pas en soi un statut réel, elle fait brèche dans le principe de la commercialité des biens, qui est un principe réel.

Les lois étrangères qui établissent une réserve sont aussi en soi des lois personnelles, je l'ai accordé ; mais doivent-elles avoir, comme la nôtre, la force de faire fléchir nos statuts réels ? Faut-il leur donner le pouvoir de faire subir à la commercialité des biens français des restrictions plus grandes que celles que nos lois n'ont pas voulu dépasser ? Est-il raisonnable d'admettre que cinquante lois étrangères puissent miner, chacune à sa manière, le sol français et tendre des chausses-trappes sous les pas non seulement des donataires et des légataires, mais de tous leurs successeurs et ayants cause ? Je ne l'admettrai jamais.

44. — Pour rendre sensible à tous le caractère anormal de la solution préconisée par les jeunes théories, l'intolérable abdication

qu'elle demande au souverain français et à tous les souverains, exagérons un peu les faits ordinaires.

Supposons qu'une loi étrangère établisse une réserve du patrimoine entier au profit de tous les parents. La France devrait supporter, d'après la doctrine chère à M. Lainé, que toutes les donations de biens situés en France effectuées par les sujets de cet État soient nulles ou résolubles, même quand ils ne laissent ni descendants ni ascendants, mais des collatéraux du dixième, du douzième degré, ou plus éloignés encore.

45. — En vérité « la science contemporaine » fait ici bon marché de l'ordre public dont elle a tant de souci ailleurs. La sécurité des acquéreurs et des sous-acquéreurs, les inestimables bienfaits de l'unité de législation, les intérêts économiques et sociaux de l'État, sa dignité, on sacrifie tout à la monomanie d'augmenter le domaine des lois étrangères.

***

46. — Trompés par les affirmations bruyantes de la jeune Ecole, restées trop longtemps sans contradiction, plusieurs États, l'Italie, l'Espagne, l'Allemagne, ont déjà admis dans leurs codes le faux principe que la loi nationale du défunt doit régler sa succession et sa quotité disponible.

Comme ces États sont de ceux d'où l'on émigre et où l'on n'immigre pas, ils ont pu adopter d'un cœur léger un principe qui restera chez eux presque platonique. Ils ne sentiront point de longtemps les conséquences du faux pas qu'ils ont fait.

47. — Mais en France, où plus d'un million d'étrangers sont domiciliés ou propriétaires, l'effet funeste de cette règle anarchique serait immédiat et viendrait s'ajouter aux autres causes de dissolution du pays. Dans plusieurs de nos provinces, les lois étrangères seraient presque aussi souvent appliquées que les lois françaises. A Paris, à Bordeaux, à Marseille, toutes les lois successorales du monde formeraient la plus troublante cacophonie juridique. Nous aurions l'air d'un pays conquis.

48. — Les légistes, par pur esprit de système, poussent notre gouvernement à faire aux étrangers un présent auquel ceux-ci ne

tiennent guère et qu'aucun État n'aurait spontanément songé à solliciter.

Si encore on se bornait à demander à notre souverain de faire lui aussi législativement l'essai du nouveau principe, il pourrait user librement du *jus pœnitendi* et certes il ne tarderait pas à répudier son erreur.

Mais on le presse de s'obliger par des traités envers tous les États qui versent chez nous les excédents de leur population.

Tout le monde alors serait maître chez nous excepté nous-mêmes.

Si le projet de convention adopté par la Conférence de La Haye devient une convention, c'est un Sedan juridique que nous aurons adroitement infligé, avec l'aveugle concours de nos hommes de lois, l'Allemagne, l'Italie et les autres parties contractantes.

Les autres pays où l'on immigre, l'Angleterre, les États-Unis, la Russie, n'ont pas notre naïveté et pour rien au monde ne livreront leur territoire aux lois successorales étrangères.

Il n'est pas encore trop tard pour les imiter.

Arras : Imprimerie SUEUR-CHARRUEY, rue des Balances, 10.

OUVRAGES DU MÊME AUTEUR

Etude sur l'erreur, vol. in-8°, Paris, Cotillon, 1871 . . . . . 5 fr.

L'hypothèque judiciaire, son passé, son présent, son avenir, ouvrage couronné par l'Académie de législation de Toulouse, Paris, Cotillon, 1872. 5 fr.

Leçon d'ouverture du cours de droit commercial, br. in-8°, Poitiers, Oudin, 1874 . . . . *épuisé*.

Les principes fondamentaux du droit (La loi, définition, formation, division. — Lois naturelles. — Lois positives divines. — Lois ecclésiastiques.— Lois civiles. — La Société civile. — Son origine. — Erreurs sur l'origine de la Société civile : — Le contrat social selon Rousseau, — selon Hobbes,— selon les théologiens scolastiques ; — l'Organisme social ; — le Patriarcat ; — Systèmes divers. — Le Pouvoir. — Son origine. — Ses formes. — Division du Pouvoir et séparation des pouvoirs.— Le Droit de révolte.— Erreurs sur le Pouvoir. — La souveraineté inaliénable du peuple ; — La souveraineté aliénable du peuple ; — Le droit divin ; — l'École historique ;— Systèmes divers). Vol. in-8°, Paris, Guillaumin et Pichon, 1889. . . . 8 fr. 50

Le contrat d'association, ou les associations non reconnues peuvent-elles posséder ? Etude de droit civil. Vol. in-8°, Paris, Pichon, 1893 . 3 fr. 50

Le droit de posséder des associations non reconnues, réponse à M. Beudant, broch. in-8°, Paris, Pichon, 1895. . . . . 0 fr. 75

Le Projet de loi contre la liberté d'association, br. in-8°, Paris, Pichon, 1894. . . . . 0 fr. 75

La Promulgation et la Publication des lois, broch. in-8°, Paris, Pichon, 1895 . . . . 1 fr. 50

Une théorie nouvelle sur la rétroactivité des lois, broch. in-8°, Paris, Pichon, 1894 . . . . 1 fr. »

L'impôt sur le revenu des congrégations et autres associations, broch. in-8°, Lille, Ducoulombier, 1890 . . . . *épuisé*.

Le droit d'accroissement, broch. in-8°, Paris, Pichon, 1891 . . 2 fr. »

Etudes sur le droit d'association, parues dans la *Revue de Lille*, 1889-1890.

La synthèse du droit international privé, ouvrage couronné par l'Académie des sciences morales et politiques, 2 vol. in-8° Paris, Pichon, 1897. 16 fr.

Des lois d'ordre public et de la dérogation aux lois, broch. in-8°, Paris, Pichon, 1899. . . . . 3 fr. »

La quintessence du droit international privé, broch. in-8°, Paris, Pichon, 1900 . . . . 1 fr. 50

Les personnes morales, ouvrage qui a obtenu le premier rang et une récompense de deux mille francs dans le concours ouvert par l'Académie des sciences morales et politiques (1900), mis en rapport dans ses deux dernières parties avec la loi du 1er juillet 1901 ; un fort vol. in-8°, Paris, Pichon, 1902 . . . . 10 fr. »

Un conflit sur les conflits, réponse à M. Lainé, parue dans la *Revue critique*, années 1900, 1901, 1902.

Discours et rapports, 2 vol. Lille, Lefort. . . . . *épuisé*.

Arras. — Imprimerie Sueur-Charruey, 10, rue des Balances.

www.ingramcontent.com/pod-product-compliance
Ingram Content Group UK Ltd.
Pitfield, Milton Keynes, MK11 3LW, UK
UKHW020448220726
13923UKWH00005B/2405